Made in the USA
Las Vegas, NV
18 March 2023

69300790R00069